das ist nobbi – ein
echter mutmachhase

möhren-
schnuppernäschen
(gegen Magenknurren)

extra lange
lauscher
(Nobbi hört immer
ganz genau hin)

mutmach-beutel
(wer seine Sorgen hier
reinpackt, bekommt
eine extra Prise Mut!)

superschnelle
hasenflitzer
(für jeden, der
ihn braucht, ist Nobbi
sofort zur Stelle)

Nobbi, der Mutmachhase
ISBN: 978-3-96129-093-2

Edel Kids Books
Ein Verlag der Edel Verlagsgruppe
Copyright © Edel Germany GmbH, Neumühlen 17, 22763 Hamburg
www.edel.com
3. Auflage 2021

Text: Judith Allert & Maike Bollow · Illustrationen: Stefanie Reich
Projektkoordination und Lektorat: Dagmar Hoppe
Layout und Satz: Janina Michna, designGUT Grafikdesign
Herstellung: Frank Jansen
Druck und Bindung: optimal media GmbH, Glienholzweg 7, 17207 Röbel/Müritz

Alle Rechte vorbehalten. All rights reserved. Das Werk darf – auch teilweise –
nur mit Genehmigung des Verlages wiedergegeben werden.

Printed in Germany

maike bollow   judith allert   stefanie reich

Nobbi
der mutmachhase

Der Himmel ist blau, und die Sonne scheint.
Pfeifend hüpft Nobbi der Mutmachhase den Weg entlang.
So lange, bis er ein Piepsen hört. Schnell stellt er
seine langen Lauscher auf. Hoch oben in einem der Bäume
entdeckt er einen winzig kleinen Vogel.
»Hallo du! Ich bin Nobbi. Und wie heißt du, du Zwitscherzwerg?«
»Piep!«, piepst der Vogel.
Nobbi lacht. »Das ist leicht zu merken! Komm doch mal runter zu mir!«
Doch Piep schüttelt den Kopf. »Geht nicht!«
»Du sollst auch nicht gehen, sondern fliegen!«, sagt Nobbi.
»Na, eben das geht ja nicht – das mit dem Fliegen«, erklärt Piep.

»Kein Problem, ich helf dir!«, schlägt Nobbi vor.
Piep guckt ziemlich zweifelnd: »Wie denn?
Du kannst ja gar nicht fliegen!
Du bist ein Hase!«
»Aber ein echter Mutmachhase«,
erwidert Nobbi.

»Ich bin da. Ich fang dich auf –
großes Mutmachhasenehrenwort!«
Doch Piep verschränkt die Flügel.
»Nein. Ich kann das nicht.«

»Schau mal, du musst nur mit den Flügeln flattern. So!«
Nobbi hebt seine Arme auf und ab.
Erst ganz langsam. Dann schneller – und immer schneller.
Jetzt muss Piep ein bisschen grinsen:
»Ich sag's doch! Hasen fliegen nicht.«
»Aber Vögel! Los, versuch's mal!« Nobbi lächelt Piep zu.

»Wenn du nicht runterkommst – dann komm ich eben rauf!«, sagt Nobbi und beginnt zu klettern. Am Stamm entlang und höher und dann von Ast zu Ast. Bis der Mutmachhase beim kleinen Piep gelandet ist. »So hoch ist das gar nicht!«, sagt Nobbi. »Und ob!«, beharrt Piep. Und weil Nobbi ihn so ansieht, guckt er schnell woandershin. »Ich … ich trau mich einfach nicht!«, stößt er hervor und lässt den Kopf hängen.

Nobbi rückt ganz nah zu Piep heran, umarmt ihn fest und flüstert leise in sein Ohr: »Eine Prise Mut – und schon wird alles gut!«
»Komisch«, sagt Piep. »Auf einmal fühl ich mich ganz wolkenwatteleicht!«
»Na, kein Wunder«, sagt Nobbi und deutet auf seinen Mutmachbeutel.
»Deine Sorgen sind nun ja hier bei mir!«
»Prima – dann nimmt mich der Wind einfach mit!«, lacht Piep.

Piep holt tief Luft und flattert mit den Flügeln.
Auf und ab und auf und ab. Immer wieder. Und immer schneller!
Ganz vorsichtig verpasst Nobbi ihm einen kleinen Stups und –
Piep fliegt los! »Ich fliiiiiiiiege«, jubelt er. »Ich fliiiiiiege!«
»Da mach ich lieber mal die Biege.«, schmunzelt Nobbi und duckt sich,
als Piep über seinem Kopf einen Salto macht.

Eine Runde nach der anderen dreht der kleine Piep. Bis er, völlig außer Puste,
auf Nobbis Schulter landet. »Danke, Nobbi! Ohne dich hätte ich das nie geschafft!«
»Schwuppsdiwupps, war nur ein Schubs!«, winkt Nobbi ab.
»Ab jetzt bist du ein echter Flatterpiep, ja? So, ich muss jetzt weiter.«
»Da komm ich mit – als Mutmachassistent!«, ruft Flatterpiep sofort.
»Echt? Das ist ja primal«, findet Nobbi.
»Und wirklich wunderpiepsig!«, zwitschert der kleine Vogel.

Weit kommen die beiden nicht. »Hörst du das?
Was ist das denn für ein Geräusch?«, wundert sich Nobbi.
»Da schnarcht doch jemand!« Kurz darauf hören sie Stimmen.
»Du Schnarchnase, sei endlich still!«
»He! Autsch! Du ... Stachelheini. Hör du lieber auf ... zu piksen!«

Nobbi und Piep schauen nach, wer da streitet –
es sind der Igel und der Siebenschläfer!
»Hey ihr zwei«, ruft Nobbi. »Warum seid ihr denn so sauer aufeinander?«
»Der da hat mich ... schon wieder ... in den Po gepikst!«, stößt der
Siebenschläfer langsam hervor.
»Nur weil du schnarchst, dass die Bäume wackeln!«
»Wieso schlaft ihr denn so nah beieinander? Hier liegt doch genug
Laub für euch beide herum?«, wundert sich Nobbi.
»Weil hier der absolut ... kuschelwuschelhuscheligste ...
Blätterberg im ganzen Wald ist.«, meint der Siebenschläfer.
»Außerdem sind wir Freunde. Und Freunde sind
immer zusammen!«, fügt der Igel hinzu.

»Pffff. Echte Freunde … piksen aber nicht!«, schnaubt der Siebenschläfer.

»Ach ja? Dann sind wir jetzt eben keine Freunde mehr!«, erwidert der Igel.

»Prima«, knurrt der Siebenschläfer. „Dann kannst du … ab jetzt … mit einem Kaktus kuscheln!«

»Und du ziehst am besten mit einer Wildschweinhorde zusammen!«, mosert der Igel. »Die grunzt genauso laut wie du!«

»Hey, beruhigt euch doch mal! Warum schlaft ihr nicht einfach anders?«, fragt Nobbi.

»Ich hab schon immer als Kugel geschlafen«, brummelt der Igel, »und da piks ich nun mal!«

»Und ich hab schon immer auf dem Rücken geschlafen«, grummelt der Siebenschläfer, »und da … schnarch ich … nun mal.«

»Aber wegen so einer Kleinigkeit gibt man doch eine Freundschaft nicht auf. Zusammen findet man für alles eine Lösung!«
Nobbi rückt ganz nah an die beiden heran und umarmt sie fest:
»Eine Prise Mut – und schon wird alles gut!«, flüstert er.
Da schauen sich der Igel und der Siebenschläfer nachdenklich an – und auf einmal ist alles ganz leicht.
»Wir könnten ja einfach mal was Neues ausprobieren.«, sagt der Igel.
»Warum ... nicht?«, fügt der Siebenschläfer langsam hinzu.

»Hm, vielleicht schlaf ich heute mal so!«
Der Igel legt sich ausgestreckt ins weiche Laub.
»Guck mal – da hab ich gar keine Stacheln!«
»Hm, vielleicht ... schlafe ich heute mal so!«
Der Siebenschläfer dreht sich langsam auf die Seite
und kuschelt sich an den weichen Igelbauch.
»Einfach kuschelwuschelhuschelig«, murmelt er zufrieden.
Und schon sind die beiden eingeschlummert.
»Mut gemacht – gute Nacht!«, schmunzelt Nobbi,
 zaubert eine Decke aus seinem Beutel und
  breitet sie sachte über den Freunden aus.

Inzwischen hängt der Mond wie eine Laterne am Himmel,
und die Sterne funkeln.
»Wir müssen weiter«, sagt Nobbi.
»Aber es ist doch zappenduster!«, erwidert Flatterpiep.
»Was, wenn wir uns verlaufen?«
»Ach was, der Mond zeigt uns den richtigen Weg.
Und ich bin da und pass auf dich auf.«
Nobbi setzt den kleinen Vogel in seinen Bauchbeutel,
und die beiden schleichen davon.

»Guck, mal! Da leuchtet was!«, flüstert Flatterpiep plötzlich.
Aus einer dunklen Höhle blitzen zwei Augen hervor.
»Huhu! Wer bist denn du?«, fragt Nobbi.
»Geht dich absolu-hut nichts an«, erwidert eine brummige Stimme.
Da wird Nobbi nur noch neugieriger und hopst etwas näher heran:
»Bist du vielleicht ... eine Maus?«
»Pu-uh, ganz bestimmt nicht!«
Nun lugt Nobbi noch ein bisschen tiefer in die Höhle.
»Dann vielleicht ... ein Eichhörnchen?«
»Wirklich, du hast Ideen!«, erklingt es mürrisch.
»Ich weiß es!«, ruft Piep. »Du bist ... ein Regenwurm!«

Da lugt das Höhlenwesen aus seinem Versteck hervor:
»Jetzt reicht's! Ich bin der Uhu! Und nun lasst mich in Ru-hu!«
»Wahnsinn! Ein echter Uhu!«, ruft Nobbi. »Aber wieso flatterst du nicht um den Mond herum? Du bist doch ein Nachtvogel!«
Der Uhu blinzelt Nobbi mit einem Auge an.
»Weißt du nicht, wie gefährlich es im Du-hunkeln da draußen ist?«
Nobbi schüttelt den Kopf. »Da gibt es gru-huselige Gespenster
und Vampire! Monster und Drachen!«
Flatterpiep macht große Augen. »Wie kommst du denn darauf?«, fragt er.
»Steht alles hier drin!« Der Uhu tippt mit dem Flügel auf seine Bücher.
»Aber das sind doch nur Gruselgeschichten«, erwidert Nobbi.
»Wer sagt denn, dass Gespenster und Monster immer gefährlich sind?«
»Genau, du musst die Dinge einfach mal anders sehen!«,
zwitschert Flatterpiep.
»Guck mal, wie die Sterne funkeln, was für wunderbare
Schatten die Bäume werfen und wie der Mond zu
uns herunterlacht!«

Nun rückt Nobbi ganz nah zum Uhu hin
und umarmt ihn fest. »Eine Prise Mut –
und schon wird alles gut!«, flüstert er.
Da wackelt der Uhu mit den Ohren:
»Na gu-hut, dann schau ich mir das eben mal an!«,
sagt er und kommt aus der Höhle.

Im Mondschein gehen die drei spazieren. Der Uhu und Piep in der Luft
und Nobbi am Boden. Und auf einmal sehen die Schatten überhaupt
nicht mehr gefährlich aus. »Gu-huck mal!«, ruft der Uhu begeistert.
»Eine Maus, die ein Eis isst! Und da, ein Grinsemonster …!«
Der Uhu flattert zu Nobbi herunter: »Danke, Nobbi!
Ohne dich hätte ich mich das nie getraut.«
»Kein Problem – gern geschehen«, erwidert der Mutmachhase.

Die Freunde gehen durch den Wald,
bis der Mond versunken ist und die Sonne ganz langsam
hinter den Bäumen hervorsteigt. »Zeit fürs Frühstück!«, ruft Nobbi.
Genau in dem Moment kriechen auch der Igel und der Siebenschläfer
aus ihrem Laubhaufen. »Haben wir da was von Frühstück gehört?«,
fragt der Igel, und zusammen machen sie es sich gemütlich.

»Wie schön, dass wir jetzt Freunde sind!«, sagt Nobbi.
»Einfach toll, dass wir uns alle was getraut haben!«, fügt Flatterpiep hinzu.
»Eine Prise Mu-hut tut eben immer gu-hut.«, findet der Uhu.
Und dann bittet er Nobbi eine Geschichte zu erzählen,
keine Gruselgeschichte, sondern eine echte Mutmachgeschichte.